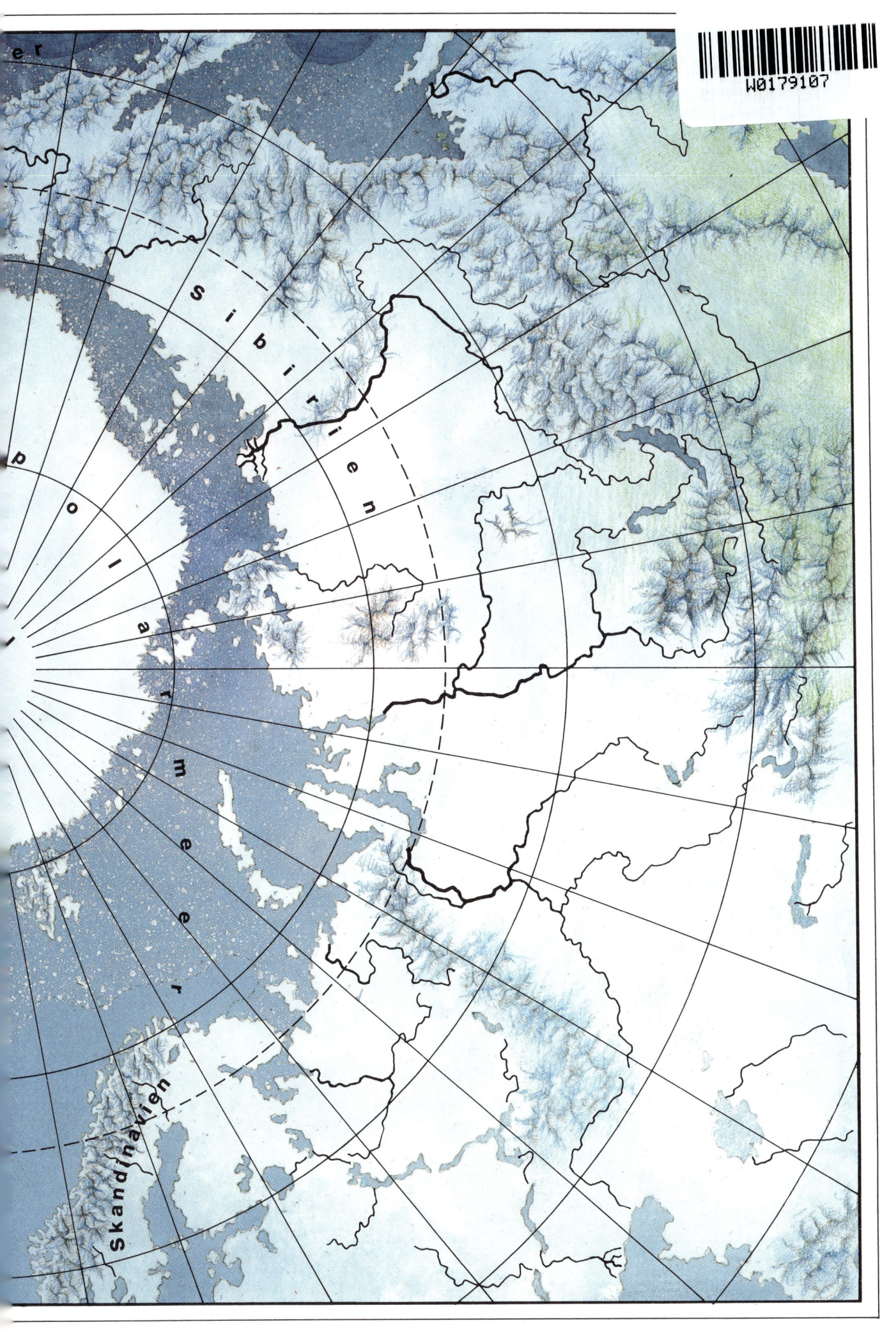

Skandinavien

Sibirien

polarmeer

# DER NEUE
# KINDER
# KOSMOS

## Tiere im
## Hohen Norden

Wolfgang Hensel
Hildburg Thiemeyer

# Tiere im Hohen Norden

Franckh - Kosmos

4 Liebe Kinder,

rund um den Nordpol gibt es nur Eis. Viele Forscher haben mit Hundeschlitten gefährliche Expeditionen zum Nordpol gemacht, und vor über 40 Jahren ist sogar ein Unterseeboot zum ersten Mal unter dem Eis durchgefahren. Im kalten arktischen Winter wandern die Eisbären auf der Suche nach Beute am Rand des Packeises entlang. Ihr dichtes Fell schützt sie vor der klirrenden Kälte. Wenn im Frühling das Eis schmilzt, wagen sich mehr Tiere ins nördliche Polarmeer. Robben, Walrosse und Wale durchstreifen das Wasser. Ihre dicke Fettschicht unter der Haut hält die Kälte ab. Weiter im Süden beginnt das Land, die Tundra. Auch dort ist es so kalt, daß nur Tiere mit mollig warmem Fell oder dichtem Gefieder die Kälte aushalten. Manche, wie der Polarfuchs, der Moschusochse oder das Schneehuhn, ziehen das ganze Jahr durch die Tundra. Andere Tiere weichen dem kalten Winter aus und verbringen die kalte Jahreszeit im Süden. Jeden Sommer aber kehren Karibus und viele Zugvögel in die Tundra zurück. Dann finden Wölfe und Polarfüchse reiche Beute. Die Grizzlys verlassen ihre Höhlen, in denen sie den Winter verschlafen haben. Sie jagen Karibus, Elche und Lachse.

Im hohen Norden leben nur wenige Menschen. Die Inuit gehen mit Hundeschlitten und schnellen Fellbooten im nördlichen Polarmeer auf Jagd. Das Nomadenvolk der Samen folgt den großen Rentierherden quer durch Skandinavien.

Wolfgang Hensel

# Inhalt

Papageitaucher sind hervorragende Taucher: Sie können bis zu zwei Minuten unter Wasser bleiben. Nur zum Brüten kommen sie an Land.

Der Schwertwal ist der größte aller Delphine. Er frißt nicht nur Fische, sondern macht auch Jagd auf Robben.

Um den Schwertwalen zu entgehen, drängeln sich diese Robben auf einem Felsen zusammen.

**Kleines Lexikon**

Auf den Seiten 61 und 62 gibt es ein kleines Lexikon, das Wörter, die in diesem Buch vorkommen und die du vielleicht noch nicht kennst, erklärt.

**Register**

Auf der Seite 63 gibt es eine Liste von wichtigen Namen und Begriffen, die in diesem Buch vorkommen. Sie sind nach dem Alphabet geordnet, damit du ganz schnell und gezielt die Buchseite finden kannst, auf der mehr darüber steht.

# Die Kinderstube auf der Eisscholle

Dicke Eisschollen bedecken das nördliche Polarmeer. Hier im Packeis leben die Sattelrobben.

Ein Buckelwal ist aufgetaucht. Hoch spritzt das Wasser aus seinem Nasenloch. Ein langer Atemzug, dann taucht er wieder.

»Wo bleibt nur meine Mutter?« Ängstlich und neugierig zugleich schaut das Sattelrobbenbaby umher. »Wenn sie nicht bald zurückkommt, fange ich an zu schreien.«

Wegen ihrer kläglichen Rufe werden Robbenbabys »Heuler« genannt. An der Stimme, am Aussehen und dem Geruch erkennt jede Robbenmutter ihr Junges. Im Februar ist die kleine Robbe auf einer Eisscholle vor Grönland zur Welt gekommen. Eine dicke Fettschicht schützt sie vor der klirrenden Kälte und dem eisigen Wind. Nur etwa drei Wochen säugt die Mutter ihr Junges. Weil Robbenmilch außerordentlich viel Fett enthält, wachsen die Kleinen schnell heran.

Endlich kann die Robbenmutter ins Wasser zurückkehren. Während der Stillzeit hat sie nicht gefressen und nur von ihrer dicken Fettschicht gezehrt. Jetzt fängt sie wieder Fische und kommt rasch zu Kräften.

Die Robbenkinder bleiben in dieser Zeit allein auf dem Eis zurück. Mit ihrem weißen Fell sind sie vom Eis kaum zu unterscheiden. Diese Tarnung ist ihr einziger Schutz vor hungrigen Eisbären. Nach einigen Wochen werfen die jungen Robben ihr Babyfell ab. Sie können schon gut schwimmen, müssen aber noch lernen, wie man Beute fängt. Zuerst fangen sie Krebse, bald auch Fische.

Wenn es im Mai wärmer wird, schmilzt das Eis. Wie ihre Eltern schwimmen die jungen Robben Richtung Nordpol. Zusammen mit vielen anderen Sattelrobben bleiben sie bis zum Herbst im nördlichen Polarmeer. Im Winter, wenn die Temperaturen auf 30 bis 40 Grad unter Null sinken, dehnt sich die Eisdecke aus. Dann schwimmen die Sattelrobben wieder nach Süden.

Eine Gruppe von Kanadagänsen zieht nach Süden.

Sattelrobben und ihre weißpelzigen Babys liegen auf einer Eisscholle. Die Kleinen sind erst ein paar Tage alt.

8 Aller Anfang ist schwer. Ein junger Eisbär lauert mit seiner Mutter an einem Eisloch auf Beute. Wenn die Robbe auftaucht, wird er mit seiner kleinen Tatze zuschlagen. Eine andere Robbe beobachtet die beiden. Sie bleibt in sicherer Entfernung, denn die Eisbärmutter könnte ihr gefährlich werden.

Zu Beginn des Winters gehen die Eisbärweibchen auf einer arktischen Insel an Land. Dort kriechen sie in eine Schneewehe. Sie lassen sich einschneien und graben eine bequeme Höhle in den Schnee. Darin ist es viel wärmer als draußen im eisigen Wind. Dort kommen mitten im Winter die Eisbärbabys zur Welt. Bei der Geburt sind sie nur 30 cm groß, nackt, blind und taub.

Im Frühling krabbeln sie alle ins Freie. Noch können die kleinen Eisbären keine Beute jagen, die Mutter versorgt sie mit Fleisch. Drei Jahre lang bleibt die Familie zusammen. Die Mutter bringt ihren Jungen alles bei, was sie zum Überleben brauchen. Für ein Spielchen ist aber immer noch Zeit. Eisbärkinder lieben es, die Schneehänge herunterzurutschen.

Eisbären leben fast das ganze Jahr über auf dem Eis, immer in der Nähe des Wassers. Sie gehen nur selten ans feste Land. Mit ihrem dichten Fell und dem dicken Fettpolster brauchen sie die Kälte nicht zu fürchten.

## Der Eisbär

| | |
|---|---|
| **Größe:** | aufgerichtet bis 2,50 m; Schulterhöhe 1,50 m |
| **Gewicht:** | Männchen 600 kg, Weibchen 400 kg |
| **Nahrung:** | Robben, Lemminge, Aas |
| **Feinde:** | keine |
| **Besondere Merkmale:** | Einzelgänger; behaarte Fußsohlen; Schwimmhäute zwischen den Zehen |

## Wußtest du,

daß Eisbären einen ausgezeichneten Geruchssinn haben? Sie können tote Wale bis zu 30 km weit riechen.

Eine Eisbärmutter und ihr Junges lauern an einem Eisloch. Das Kleine hat schon gelernt, daß dort die Robben auftauchen, um Luft zu schnappen.

Eisbären können sehr gut riechen. Diese drei haben den Fotografen gewittert und schauen direkt in die Kamera.

Auf der Suche nach Beute legen Eisbären weite Strecken zurück. Die gesamte Arktis rund um den Nordpol ist ihr Jagdrevier. Sie lauern ihrer Beute vor Eislöchern auf oder schleichen sich an schlafende Robben an. Dabei tarnt sie ihr weißes Fell. Die auffallende, schwarze Nase verstecken sie hinter ihren weißen Tatzen. Mit einem einzigen Schlag ihrer mächtigen Pranke töten Eisbären die Beute. Sie fressen aber auch tote Wale oder Walrosse, die an die Küste geschwemmt wurden.

Eisbären haben leicht gebogene Beine. Ihre Zehen zeigen nach innen. Von vorne sieht man die O-Beine besonders gut. Laufen auf rutschigem Eis oder Schnee ist gar nicht so einfach. Eisbären machen große Schritte und treten mit ihren behaarten Fußsohlen sicher auf. Außerdem schützen die Haare vor der Kälte des Bodens. Meistens traben Eisbären gemächlich über das Eis, sie können aber auch bis zu 40 Stundenkilometer schnell galoppieren. Mit einem gekonnten Kopfsprung stürzen sie sich ins Wasser und paddeln mit den Vorderbeinen. Ihre Hinterbeine ziehen sie nach. Eisbären sind hervorragende Schwimmer.

# Leben unter dem Eis

In der einsamen Weite des Eismeeres ruht sich ein Walroß auf einer Eisscholle aus. Möwen kreisen über dem Wasser. Wovon ernähren sich diese Tiere? Wo finden sie ihre Nahrung? Um dieses Geheimnis zu ergründen, müssen wir unter die Eisschollen tauchen. Im eiskalten nährstoffreichen arktischen Meer wimmelt es von Pflanzen und Tieren.

Wenn die Eisschollen in der Sommersonne immer dünner werden, scheint das Licht hindurch bis ins Wasser. Dann vermehren sich die arktischen Algen. Diese winzigen Pflanzen brauchen das Sonnenlicht für ihr Wachstum. Manche kleben unter den Eisschollen, andere treiben im Meer. Das kalte Wasser enthält viel Sauerstoff, und aus den Tiefen des Ozeans werden reichlich Nährstoffe hochgewirbelt.

Tiere, die so klein sind, daß davon 300 bis 400 in einen Liter Wasser passen, ernähren sich von den Algen. Diese Kleinsttiere und die Algen im Eismeer nennt man Plankton.

Plankton ist die Lebensgrundlage für alle Tiere des Polarmeeres. Fische, Krebse und andere kleine Tiere fressen Plankton. Raubfische und Seehunde machen unter Wasser Jagd auf Fische und Krebse. Die Sturmmöwen finden ihre Beute am Rande der Eisschollen. Walrosse tauchen auf den Meeresgrund und graben dort nach Muscheln.

Diese Reihe von Tieren, die fressen und von größeren Tieren gefressen werden, nennt man Nahrungskette. Schwertwal und Eisbär stehen am Ende dieser Kette. Ihr einziger Feind ist der Mensch.

Unter den Eisschollen wimmelt es von Tieren. Kabeljau und Seehunde halten Ausschau nach Beute. Muscheln liegen auf dem Meeresboden, dazwischen krabbelt eine Seespinne. Der Kaiserhummer hat sein felsiges Versteck verlassen. Auf dem Felsen zwischen Sonnenstern, Seeigeln und Seeanemonen wachsen grüne Algen.

Ein Walroß ruht sich
auf einer Eisscholle aus.
Möwen kreisen auf
der Suche nach Beute
über dem Wasser.

12 Endlich geschafft, die lange Reise ist beendet. Schwerfällig wuchten die Walrosse ihre tonnenschweren Körper an Land und watscheln unbeholfen auf den Flossenfüßen weiter. Auf dieser Insel im Beringmeer verbringen sie den eisigen Winter. Das wachsende Packeis hat sie weit nach Süden getrieben.

Immer mehr Walrosse treffen ein. Jetzt, zur Brunftzeit, bevölkern unzählige Tiere den Strand. Dann kämpfen die riesigen Bullen miteinander. Ihre mächtigen Hauer sind furchterregende Waffen, doch die Tiere verletzen sich nie ernsthaft. Die stärksten Männchen sammeln einen Harem von Weibchen um sich.

Im Wasser verwandeln sich diese plumpen Kolosse in flinke und elegante Schwimmer. Sie können 10 Minuten unter Wasser bleiben und 80 Meter tief tauchen. Walrosse wühlen mit ihrer Schnauze den Meeresgrund auf und graben nach Muscheln. Gelegentlich fressen sie auch Fische oder sogar eine Robbe.

Ein großes Walroß braucht jeden Tag 50 Kilogramm Nahrung.

Im Mai schmilzt das arktische Eis. Dann ziehen die Walroßherden wieder nach Norden. Unterwegs klettern die Weibchen auf eine Eisscholle und bringen ein Junges zur Welt. Bei der Geburt haben die Walroßbabys ein dichtes, weichhaariges Fell. Nach zwei Wochen können sie schon schwimmen. Im Alter von sechs Monaten beginnen die Jungen, feste Nahrung aufzunehmen. Sie werden aber noch zwei Jahre lang von ihrer Mutter gesäugt.

Auf dem Rücken, die Flossenfüße von sich gestreckt, ruht sich ein dickes Walroß aus. Ihre enorme Fettschicht hält den Körper schön warm.

**Wußtest du,** daß Walrosse in der Sonne rosig aussehen? Bei Wärme wird ihre Haut besonders stark durchblutet.

# Das Walroß

| | |
|---|---|
| **Größe:** | bis zu 4 m lang |
| **Gewicht:** | 1600 kg |
| **Nahrung:** | vor allem Muscheln, aber auch Fische |
| **Feinde:** | Schwertwale und Eisbären fressen die Jungen |
| **Besondere Merkmale:** | Füße zu Schwimmflossen umgebildet; die Eckzähne wachsen immer weiter und werden bis 50 cm lang |

Die arktische Kälte macht den Walrossen nichts aus. Unter der dicken, ledrigen Haut sitzt eine sieben Zentimeter dicke Fettschicht. Die hält den Körper schön warm. Bei zu großer Kälte tummeln sich Walrosse am liebsten im Wasser. Dort ist es immer noch etwas wärmer als auf den Eisschollen.

Ausgewachsene Walroßbullen sind viel massiger als die Walroßkühe. Sobald ein Gegner auftaucht, verwandelt sich dieser behäbige Koloß in einen angriffslustigen Kämpfer.

# Speckschicht und warmer Pelz

Der Buckelwal lebt im Wasser, das Dallschaf in den Bergen. Trotzdem haben die beiden das gleiche Problem: Sie müssen große Kälte ertragen. Als Säugetiere haben sie eine gleichmäßig hohe Körpertemperatur. Wenn es draußen kälter wird, beginnen Säugetiere zu zittern, genau wie wir auch. Durch das Zittern erzeugen die Muskeln Wärme. Gegen die eisige Kälte der Arktis reicht das aber nicht aus. Deshalb müssen sich die Tiere zusätzlich schützen, jedes auf seine Weise.

Im Sommer ziehen die 15 Meter langen Buckelwale ins nördliche Polarmeer, wo sie reichlich Nahrung finden. Selbst zu dieser Jahreszeit ist das Wasser noch bitter kalt. Aber ihre Größe hilft den riesigen Buckelwalen, die Kälte auszuhalten. Größere Tiere verlieren nämlich deutlich weniger Wärme als kleine Tiere. Eine dicke Fettschicht unter der Haut, der Blubber, schützt die Buckelwale zusätzlich. Fett leitet die Wärme nicht so gut wie Muskeln. Deshalb kann die Kälte nicht in den Körper eindringen, und die Körperwärme geht nicht verloren.

Der dicke Blubber hat aber noch einen weiteren Vorteil: Weil Fett leichter ist als Muskeln und Knochen, können Wale mühelos im Wasser schweben. So sparen sie Kraft auf ihrer langen Reise. Buckelwale legen Tausende von Kilometern zurück. Unterwegs zehren sie von ihren Fettreserven.

Buckelwale stoßen Luftbläschen aus. In ihrem Sog werden kleine Planktonkrebse nach oben gerissen. Sperrt der Wal sein gewaltiges Maul auf, kann er die Krebse alle auf einmal verschlingen.

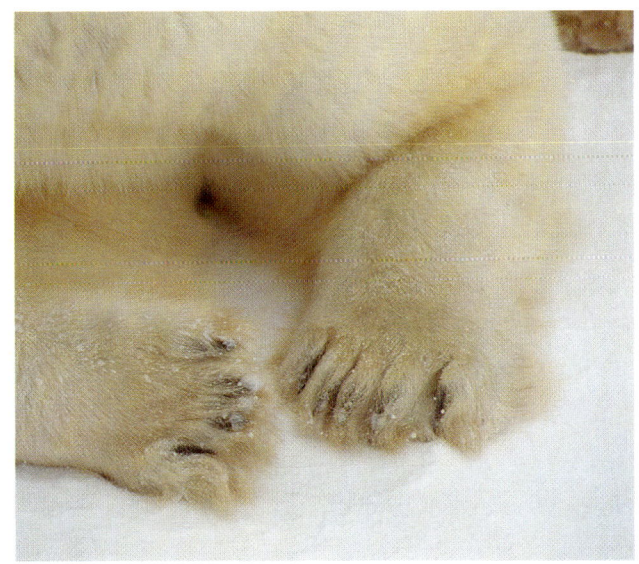

Ein dichtes Fell schützt die Füße des Eisbären vor dem kalten Boden.

Das Dallschaf klettert hoch oben in den Bergen Alaskas herum. Wegen seines weißen Fells wird es auch Schneeschaf genannt.

Dallschafe finden auch an steilsten Felsvorsprüngen sicheren Halt. Eine dicke Fettschicht als Wärmeschutz würde sie auf ihren Klettertouren nur behindern. Um bei Gefahr schnell flüchten zu können, müssen sie wendig und flink sein. Dallschafe haben statt dessen ein langes, dichtes Fell. Die Luft zwischen den Fellhaaren bildet ein schützendes Polster. Wie bei einem dicken Wollpullover kann die Kälte nicht eindringen. Auch Eisbären und Karibus, Moschusochsen und Wölfe haben solch ein wärmendes Fell. Den molligsten Pelz aber hat der Polarfuchs.

16 Schwertwale auf der Jagd. Ein großer, schwarz-weißer Körper schießt aus dem Wasser und fällt klatschend zurück. Hoch spritzt das Wasser auf. Ein zweiter Wal schleudert eine Robbe hoch in die Luft. Er spielt mit ihr »Katz und Maus«. Schwertwale gehen gemeinsam auf Jagd, am liebsten in Küstennähe, wo sie reiche Beute finden. Robben werden eingekreist und durch einen Biß der messerscharfen Zähne getötet. Fische werden so nahe ans Ufer getrieben, bis sie nicht mehr entkommen können.

Schwertwale machen sogar Jagd auf die viel größeren Blauwale. Gemeinsam greifen sie an und reißen den Blauwal in Stücke. Früher hielt man Schwertwale für grausame Mörder und nannte sie deshalb Mörderwale. Aber wie jedes Raubtier braucht auch der Schwertwal Fleisch für sich und seine Jungen.

Schwertwale leben gesellig. Vor allem die Weibchen bleiben oft ihr ganzes Leben lang in einer Großfamilie aus fünf bis 20 Tieren. Manchmal leben dann bis zu vier Generationen zusammen, von der Urgroßmutter bis zu den Jungtieren. Wird die Gruppe irgendwann zu groß, verlassen die ausgewachsenen Männchen ihre Familie und schließen sich einer anderen, kleineren Gruppe an.

Die Familienmitglieder verständigen sich untereinander durch pfeifende und schreiende Laute. Forscher haben herausgefunden, daß sich jede Familie mit einem eigenen Dialekt verständigt und sich daran erkennt.

Schwertwalmännchen haben eine lange, spitze Rückenflosse, die lebenslang weiterwächst. Sie wird bis zu zwei Meter hoch. Die Flossen der Weibchen sind kleiner und wie eine Sichel leicht nach hinten gekrümmt. An den Flossen und den hellen Sattelflecken auf

Ein Schwertwal hat eine Robbe gefangen und wirft sie hoch in die Luft. Am Ufer drängen sich die anderen Robben ängstlich zusammen.

## Der Schwertwal

| | |
|---|---|
| **Größe:** | Männchen 8 m; Weibchen 6,50 m |
| **Gewicht:** | Männchen bis 6500 kg, Weibchen bis 4500 kg |
| **Nahrung:** | Fische, Tintenfische, Robben, kleinere Wale |
| **Feinde:** | keine |
| **Besondere Merkmale:** | kann bis 50 Stundenkilometer schnell schwimmen; hat 44, nach hinten gekrümmte Zähne; die Weibchen werden 80 Jahre alt |

dem Rücken erkennen die Walforscher jedes einzelne Tier ganz genau wieder. Schwertwale leben nicht nur in der Arktis, sondern in allen

Weltmeeren. Manche verbringen ihr ganzes Leben an einem Ort, andere wandern durch die Ozeane. Sie können 300 Meter tief tauchen und dabei mehrere Minuten lang unter Wasser bleiben. Die Schwertwale der Arktis warten jedes Jahr vor der Küste auf die Lachse, die zum Laichen in die Flüsse schwimmen. Vor der Küste Südamerikas machen Schwertwale sogar Jagd auf neugeborene Robben.

**Wußtest du,**

daß Schwertwale sich mit Schallwellen orientieren und ihre Beute aufspüren?

Alle Wale gehören zu den Säugetieren. Es gibt darunter Raubtiere wie den Schwertwal, aber auch friedliche Plankton-fresser wie den Grauwal.

# Menschen im ewigen Eis

»Imavik und qamutiq«, denkt Ituku der Jäger in seinem Kajak, »Meer und Hundeschlitten bestimmen unser Leben.« Inuit heißt Menschen, und so nennen sich die Bewohner der Arktis selber. Erst die Weißen gaben ihnen den Namen Eskimos. Das bedeutet: »die, die rohes Fleisch essen«.

Heute leben die meisten Inuit in festen Häusern und gehen nur noch selten auf Jagd. Nur dann bauen sie ihre Jagdhütten aus Eis, die Iglus. Früher machten alle Inuit in ihren

Auf ein Gestell vor ihrer Hütte haben die Inuit Fische gehängt. Getrocknete Fische sind lange haltbar.

kleinen, wendigen Kajaks Jagd auf Walroß und Wal, Robbe und Fisch. Aus den Pelzen und Häuten nähten sie ihre warme Kleidung. Das Fleisch aßen sie, und aus dem Fett machten sie Lampenöl. Ihre Zelte und Kajaks bauten die Inuit aus den Häuten der gejagten Tiere. Übriggebliebene Fleischreste und Knochen fraßen die Schlittenhunde auf.

Schlittenhunde sind wolfsähnliche Tiere. Ein dichtes Fell schützt sie vor der Kälte. In eisigen Nächten rollen sie sich eng zusammen. Noch heute sind Hundeschlitten das verläßlichste Transportmittel in der Arktis. Die stärksten Hunde werden ganz vorne eingespannt. Pfeilschnell gleitet der Schlitten über den Schnee.

Dieses Mädchen lebt in einer modernen Siedlung. Vielleicht wird sie niemals die Lebensweise ihrer Inuit-Vorfahren kennenlernen.

Mit Hundeschlitten und Kajak gingen die Inuit früher auf die Jagd.

20 Einsam segelt der Eissturmvogel über die Wellen des arktischen Meeres. Wenige Flügelschläge tragen ihn nach oben, dann gleitet er wieder ruhig über das Wasser. Plötzlich schießt er im Sturzflug herab, taucht unter und verschwindet im Meer.

Der Eissturmvogel hat Schwimmhäute zwischen den Zehen, und sein Gefieder stößt das Wasser ab. Daher kann er gut schwimmen und tauchen. Unter Wasser schnappt er nach Krebsen und kleinen Fischen. Er taucht auf, schlägt ein paar Mal mit den Flügeln, und schon ist er wieder in der Luft. Manchmal fängt er Fische, die sich nach oben wagen, direkt an der Wasseroberfläche.

Eissturmvögel sind wahre Flugkünstler, die den Wind über den Wellen ausnutzen, um Kräfte zu sparen. Von aufsteigenden Winden an den Wellenkämmen lassen sie sich leicht in die Höhe tragen und gleiten weiter dahin.

Eissturmvögel verbringen fast ihr ganzes Leben über dem Meer. Nur zum Brüten fliegen sie an Land. Ihre Brutplätze kennen die Vögel ganz genau. Immer wieder kehren sie dorthin zurück. Das Weibchen legt ein einziges, weißes Ei auf einer felsigen Klippe ab. Drei Monate müssen die Vogeleltern ihr Ei ausbrüten. So lange kann aber kein Vogel hungern. Daher wechseln sich die Eltern alle paar Tage ab. Einer setzt sich auf das Ei, und der andere fliegt nun aufs Meer hinaus. Sobald er sich sattgefressen hat, kehrt er zum Nest zurück und löst den Partner ab.

## Der Eissturmvogel

| | |
|---|---|
| **Größe:** | 50 cm; Flügelspannweite 1,50 m |
| **Gewicht:** | etwa 3 kg |
| **Nahrung:** | Plankton, Fische, Tintenfische, Abfälle |
| **Feinde:** | Nesträuber jagen die Jungen |
| **Besondere Merkmale:** | kurzer Körper und lange schmale Flügel; Röhrennase; können gut riechen |

### Wußtest du,

daß Eissturmvögel Angreifern einen öligen Magensaft ins Gesicht spritzen?

Ruhig wie ein Segelflugzeug gleitet der große Eissturmvogel über den Wellen des arktischen Meeres.

Eissturmvögel legen ein einziges Ei auf einer felsigen Klippe ab.

Männchen und Weibchen brüten gemeinsam. Stets darf nur einer zum Fischfang aufs Meer fliegen.

Sobald das Junge aus dem Ei geschlüpft ist, müssen die Eltern besonders gut aufpassen, denn Raubvögel machen Jagd auf den Kleinen. Angreifern spucken Eltern und Junges eine stinkende Flüssigkeit ins Gesicht. Das schreckt die meisten Räuber ab. Das Junge kann noch keine großen Brocken fressen. Daher verdauen die Eltern die gefangenen Fische zu einem weichen Brei vor. Den würgen sie wieder aus und füttern damit das Junge. Es dauert drei Monate, bis der kleine Eissturmvogel flügge ist. Er verläßt sein Nest und fliegt aufs Meer hinaus. Von nun an muß er wie ein ausgewachsener Vogel für sich selber sorgen.

Sturmvögel gibt es auf allen Meeren der Welt. Die Eissturmvögel aber leben nur in der Arktis. Sie haben gelernt, den Hochseefischern zu folgen und die Fischabfälle zu fressen. Deswegen konnten sie sich stark vermehren.

Auf dem Schnabel des Eissturmvogels liegt eine merkwürdige doppelte Röhre. Das ist die Nase des Tieres. Eissturmvögel können das salzige Meerwasser trinken. Durch ihre Röhrennase geben sie das schädliche Salz wieder ab. Vielleicht hält die lange Röhre das Salz von den Augen fern. Im Unterschied zu den meisten anderen Vögeln können Eissturmvögel recht gut riechen.

# Die Brutkolonie auf der Felsenklippe

Eine Skua fliegt die Klippe entlang. Diese gefährliche Raubmöwe macht Jagd auf junge Vögel im Nest.

Hier auf dem Felsen an der Küste herrscht ein lärmendes Gedränge. Der Wind pfeift, die Brandung klatscht gegen die Steine, und Vogelgeschrei erfüllt die Luft. Jede Nische, jeder Felsvorsprung ist besetzt. Hier haben Dreizehenmöwen, Trottel-Lummen und Papageitaucher ihre Eier abgelegt. Ständig startet oder landet irgendwo ein Vogel. Wie schaffen es die Vögel nur, sich bei diesem Krach zu verständigen? Forscher haben herausgefunden, daß jeder Vogel anders ruft. Alle schreien jedoch mit sehr hohen Stimmen. Daher können sie das Geräusch der Wellen leicht übertönen.

Kaum sind die Jungen geschlüpft, betteln sie mit weit aufgerissenen Schnäbeln um Futter. In der Nähe der Küste gibt es kaum Fische. Deshalb müssen die Vogeleltern zum Fischfang weit aufs Meer hinausfliegen. Ihr eigenes Nest finden sie auch im größten Getümmel an den Stimmen ihrer Jungen immer wieder.

Plötzlich warnende Schreie. Die Möwen haben eine Skua entdeckt. Skuas sind angriffslustige Raubmöwen. Auch sie müssen ihre Jungen mit Futter versorgen. Sie stoßen aus der Luft herab, verjagen die Eltern und holen junge Vögel aus dem Nest.

Auf den felsigen Inseln im hohen Norden ist das Nistmaterial knapp. Deshalb bauen viele Vögel gar kein richtiges Nest, sondern legen ihre Eier auf den nackten Felsen. Die Eier sehen anders als unsere Hühnereier aus: Sie sind an einem Ende kegelförmig zugespitzt. Und darum rollen sie zwar zur Seite, können aber nicht vom Felsen herunterfallen.

Nur noch ein paar Wochen, dann sind alle Jungvögel in der Brutkolonie flügge. Zusammen mit den Eltern verlassen sie ihre Kinderstube. Manche fliegen in den Süden, andere verbringen den Rest des Jahres über dem Meer. Bis zur Brutzeit im Frühling bleibt die Felseninsel einsam und leer zurück.

Überall in der Brutkolonie herrschen Lärm und Gedränge. Trotzdem finden alle Vogeleltern ihr Nest wieder.

Gut versteckt in seiner Erdhöhle wartet der kleine Papageitaucher auf Nahrung. Dieses Jahr hatten seine Eltern Glück. Sie haben einen verlassenen Kaninchenbau gefunden. Am Ende eines langen Ganges hat die Mutter aus Federn und Pflanzen ein weiches Nest gebaut und ein Ei gelegt. Andere Papageitaucher haben oben auf der Klippe eine Nisthöhle in die Erde gegraben. 40 Tage lang sitzen die Eltern abwechselnd auf dem Ei und brüten, dann schlüpft das Küken aus.

Sechs Wochen lang füttern die Eltern ihr Junges. Immer wieder fliegen sie aufs Meer hinaus und tauchen nach Sandaalen. Erst wenn das Junge ausgewachsen ist, verläßt es seinen sicheren Unterschlupf. Tagsüber ist es eine leichte Beute für die großen Raubmöwen, die Skuas. In der Nacht ist es nicht so gefährlich für die kleinen Papageitaucher. Sie klettern den Felsen herunter, lassen sich ins Wasser plumpsen und schwimmen so weit sie können aufs offene Meer. Hier sind sie einigermaßen sicher und lernen, wie man fliegt und taucht.

Papageitaucher sind echte Meeresbewohner. Fast das ganze Jahr über lassen sie sich von den Wellen umhertreiben. Sie sind ausgezeichnete Taucher. Unter Wasser schlagen sie mit den Flügeln und schnappen nach kleinen Fischen. Dann schießen sie wie ein

## Der Papageitaucher

| | |
|---|---|
| **Größe:** | 30 cm |
| **Gewicht:** | Männchen 350–480 g; Weibchen 300–350 g |
| **Nahrung:** | Sandaale und andere kleine Fische, Tintenfische |
| **Feinde:** | Skuas |
| **Besondere Merkmale:** | Zur Brutzeit färbt sich der Schnabel kräftig bunt |

Korken wieder nach oben. Ihr Gefieder wird dabei überhaupt nicht naß. Die Papageitaucher haben an ihrem Hinterteil eine Bürzeldrüse, die eine ölige Flüssigkeit abgibt. Damit schmieren sich die Vögel regelmäßig ein und machen ihre Federn wasserabweisend.

Im März oder April ist Brutzeit. Dann fliegen die Papageitaucher Hunderte von Kilometern bis zur Küste. Die Paare bleiben ihr ganzes Leben zusammen. Nur auf dem Meer trennen sie sich manchmal. Jedes Jahr zur Brutzeit treffen sie sich am alten Stammplatz und ziehen ein Junges groß. Papageitaucher sind geschickte Flieger. Nur landen können sie nicht gut. Ihre großen Schwimmfüße sitzen so weit hinten am Körper, daß Papageitaucher meist mit einer Bauchlandung ungeschickt auf die Erde plumpsen.

Erst beim Tauchen zeigen sich die Vorteile der nach hinten gestreckten Schwimmfüße. Wie mit einem Steuerruder können die Papageitaucher unter Wasser blitzschnell ihre Richtung ändern.

Papageitaucher rasten auf einem schmalen Felsensims hoch über dem Meer.

Sauber aufgereiht im Schnabel bringt dieser Papageitaucher Sandaale zum Nest. In der Erdhöhle sitzt das Küken der Papageitaucher. Es braucht jetzt viele Fische.

## Wußtest du,

daß Papageitaucher im Schnabel und Rachen Widerhaken haben? Damit können sie mehrere Fische auf einmal festhalten.

# Der kurze Sommer in der Tundra

Die Sommersonne hat den Schnee geschmolzen. Nur ganz dicke Eisbrocken sind noch nicht aufgetaut.

Wanderfalken kreisen über der Tundra. Die Lemminge drücken sich eng an den Boden. Am Hang ist eine mächtige Eisschicht zu sehen.

Sieben lange Monate dauert der dunkle, kalte Winter in der arktischen Tundra. Die Landschaft verschwindet dann unter einer dicken Schneedecke. Erst im April oder Mai schmilzt der Schnee. Die Sonne taut das Eis im Boden aber nur an der Oberfläche auf. Darunter bleibt es ständig gefroren.

Das Schmelzwasser kann nicht überall abfließen. Deshalb bilden sich viele Tümpel, Seen und matschige Sümpfe. Hohe Bäume können hier nicht wachsen. Während des kurzen Sommers bedecken nur blühende

Pflanzen und Zwergsträucher die nassen Wiesen. Wahre Überlebenskünstler im hohen Norden sind die Rentierflechten. Sie können über 100 Jahre alt werden und wachsen jedes Jahr nur ein paar Millimeter.

Jetzt finden alle Tiere reichlich Nahrung. Die Lemminge fressen Blätter und graben nach Wurzeln. Der Wanderfalke zieht auf der Suche nach Beute über die Tundra. Zugvögel, die den Winter im warmen Süden verbracht haben, kehren zurück und brüten ihre Eier aus. Bald werden auch die großen Karibuherden auf ihrer Wanderung eintreffen. Wie jedes Jahr grasen sie in der Tundra.

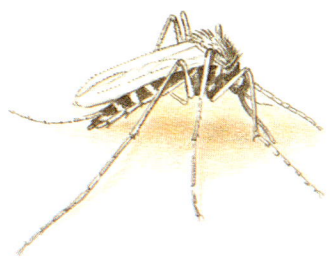

Die größte Plage für Mensch und Tier in der Tundra sind die Mücken.

Ihre Larven haben sich in Schmelzwassertümpeln entwickelt. Nun suchen Millionen von Mücken nach Opfern, um Blut zu saugen.

28 Spätsommer in Alaska. Die langen Beine des Elchs verschwinden beinahe in den üppig wachsenden Kräutern und Büschen. Er frißt fast den ganzen Tag und legt sich für den langen, kalten Winter ein dickes Fettpolster zu.

Elche brauchen 20 Kilogramm Nahrung am Tag. Besonders gern naschen sie zarte schmackhafte Wasserpflanzen. Dazu steigen die Elche in einen der vielen Seen und grasen unter Wasser den Boden ab.

Elche sind Einzelgänger. Im letzten Winter hat dieser Bulle sein Geweih abgeworfen. Wie allen männlichen Elchen wächst ihm im Frühling ein neues nach. Während dieser Zeit ist es von einer zarten, gut durchbluteten Haut, dem Bast, umgeben. Jedes Jahr wird sein Geweih ein Stückchen größer. Am Ende des Sommers ist das mächtige Schaufelgeweih ausgewachsen. Der Elch schabt es an Büschen und Sträuchern entlang, um den samtigen Bast abzustreifen. Die Reste hängen dann in langen Fetzen vom Geweih herab.

Jetzt ist Brunftzeit, in der die Elchbullen um die Weibchen werben. Sie werden sehr angriffslustig und zeigen jedem Gegner ihre Stärke. Sie drohen mit dem Geweih, zerrupfen Sträucher und stöhnen mit hohen, dumpfen Lauten. Starke, alte Elchbullen mit mächtigen Schaufeln brauchen nur selten zu kämpfen. Meist zieht sich der Schwächere zurück. Manchmal kommt es aber doch zum Kampf. Dann senken die beiden ihre Köpfe und jeder versucht, den anderen wegzudrücken.

## Der Elch

| | |
|---|---|
| **Länge:** | 2,40 bis 2,80 m; Schulterhöhe 1,50 bis 2,20 m |
| **Gewicht:** | bis 800 kg, Weibchen sind kleiner und leichter |
| **Nahrung:** | Gräser, Blätter und Wasserpflanzen im Sommer; Zweige, Baumrinde und Kiefernadeln im Winter |
| **Feinde:** | Grizzlybären, Wölfe |
| **Besondere Merkmale:** | Wiederkäuer; an ihrer Kehle hängt eine lange, behaarte Hautfalte (Wamme) |

## Wußtest du,

daß nur männliche Elche ein Geweih tragen? Es wächst jeden Tag um 2 cm.

Ein kräftiger Elchbulle mit großem Schaufelgeweih stapft durch die Tundra. Es ist Brunftzeit, und er wird mit jedem Gegner, der auftaucht, um die Weibchen kämpfen.

Noch finden die Elchkuh und ihr Junges genügend Nahrung. Bis zum Winter müssen sich die beiden eine dicke Fettschicht anfressen.

Gleichstarke Gegner können sich im Kampf gefährlich verletzen. Nur der stärkste Elchbulle darf sich mit den Weibchen paaren.

Im nächsten Frühling bringen die Elchmütter ein oder zwei Babys zur Welt. Gleich nach der Geburt stolpern sie schon auf langen, staksigen Beinchen umher. Nach zwei Wochen können sie richtig laufen und knabbern schon ab und zu an Pflanzen. Noch vier Monate lang trinken sie die Milch ihrer Mütter.

Im Winter wandern die Elche in die Berge und suchen in den Wäldern nach Pflanzen. Sie müssen sich mit Baumrinde oder trockenen Kiefernnadeln zufrieden

geben. Der erste Winter ist eine gefährliche Zeit für die jungen Elche, denn hungrige Wölfe sind immer auf der Suche nach Beute.

Wenn die Tundra im Frühling wieder grün wird, ziehen die Elche zurück in die Ebene. Die kleinen Elchfamilien bleiben zusammen, bis die Mutter neue Junge bekommt. Dann müssen die älteren Elchkinder für sich selber sorgen.

Auch im Norden Europas, in Skandinavien, gibt es Elche. Sie sind aber kleiner als ihre Verwandten in Alaska.

# Bunte Sommer, weiße Winter

Sommer in der Tundra. In der Sonne ist es jetzt recht warm, daher tragen die Tiere ihr Sommerfell oder ein leichtes Gefieder. Die baumlosen Wiesen bieten kaum sichere Verstecke. Deshalb dient das unauffällige Sommerkleid auch der Tarnung: Schneehühner in ihrem braunscheckigen Sommergefieder drücken sich bei Gefahr eng an den Boden. Auch der Schneehase ist erst aus der Nähe zu erkennen. Raubtiere wie der Polarfuchs und das Hermelin schleichen sich im Schutz ihres dunklen Sommerfells an die Beute an.

Aber was nützt die schönste Tarnung im Winter, wenn der Schnee alles gleichförmig weiß färbt? Einige Tiere der Arktis verändern daher im Herbst ihre Farbe. Schneehase, Polarfuchs und das Hermelin bekommen ein weißes, dickes Winterfell. Jetzt sehen sie wieder genauso aus wie ihre weiße Umgebung.

Den Schneehühnern wachsen weiße Federn, sogar an Beinen und Füßen. Damit sinken sie im tiefen Schnee nicht ein und können in Ruhe nach Knospen graben.

Zugvögel brauchen die Farbe ihres Gefieders nicht zu verändern. Sie bleiben nur im Sommer in der Tundra und fliegen im Winter zurück nach Süden. Auch die Schnee-Eule behält das ganze Jahr über ihr weißes Gefieder. Sie jagt ihre Beute im Flug und braucht keine Tarnung. Nur in der Brutzeit können ihr Raubtiere gefährlich werden. Schnee-Eulen bauen ihr Nest im Frühsommer. Dann sind sie zwischen den Schneeresten kaum zu sehen.

Tundratiere gleichzeitig im Sommer und im Winter? So etwas gibt es in Wirklichkeit natürlich nicht. Unser Bild zeigt die Tiere in beiden Jahreszeiten, im Sommer- und im Winterkleid, damit ihr die unterschiedlichen Fellfarben und Gefieder gut miteinander vergleichen könnt.

32 Immer wieder bleiben die Polarfüchse kurz stehen und schnuppern an der Fährte. Sie verfolgen einen Eisbär. Eisbären sind mächtige Jäger und fressen ihre großen Beutetiere selten ganz auf. Die Reste reichen den Polarfüchsen als Nahrung im harten Winter. Sie müssen jetzt weite Wanderungen machen, denn kleine Beutetiere sind knapp. Manchmal wittern die Polarfüchse mit ihrer feinen Nase Lemminge unter dem Schnee. Ein schneller Sprung und sie packen zu. Im Winter schließen sich Polarfüchse zu Gruppen zusammen und jagen sogar auf der geschlossenen Eisdecke des Meeres.

Immer wieder kehren die Polarfüchse jedoch zu ihrem Bau zurück. Sie haben lange Tunnel unter dem Schnee gegraben. Dort

## Der Polarfuchs

| | |
|---|---|
| **Größe:** | 50–65 cm; Schwanz 25–30 cm |
| **Gewicht:** | 4,5–8 kg |
| **Nahrung:** | Mäuse, Lemminge, Vögel, Aas; Früchte und Beeren |
| **Feinde:** | Eisbären, Wölfe, Adler |
| **Besondere Merkmale:** | im Winter wird das graubraune Fell besonders dicht und färbt sich weiß |

leben mehrere Familien miteinander. Wenn sie sich zusammenkuscheln, ist es viel wärmer als im eisigen arktischen Wind.

Polarfüchse sind hervorragend an ein Leben in der Kälte angepaßt. Sie sind gedrungener als die Rotfüchse bei uns und haben

kürzere Beine. Im Herbst ist ihnen ein dichtes, weißes Winterfell gewachsen. Das schützt sie vor der klirrenden Kälte. Sogar die Pfoten und die kurzen, runden Ohren sind dicht behaart. Daher frieren sie erst bei sehr niedrigen Temperaturen. Außerdem ist die weiße Farbe eine gute Tarnung im Schnee. Bei manchen Polarfüchsen wird das Fell im Winter graublau. Sie werden Blaufüchse genannt.

Im Frühling verlieren die Polarfüchse die dichten Haare des Winterpelzes. Jetzt, wo es wärmer wird, wächst ihnen das viel dünnere, graubraune Sommerfell. Jeder Polarfuchs geht nun seine eigenen Wege. Männchen und Weibchen bilden Paare, die manchmal ihr ganzes Leben zusammenbleiben.

## Wußtest du,

daß Polarfüchse Vorratslager im Schnee anlegen? Dort bleibt das Fleisch ihrer Beutetiere frisch wie in einem Kühlschrank.

Im Sommer wäre der Winterpelz viel zu warm. Deshalb tragen Polarfüchse in der wärmeren Jahreszeit ein leichtes, dunkles Fell.

Zwei Polarfüchse folgen einer Eisbärfährte. Vielleicht hat der Eisbär eine Beute erlegt und etwas Fleisch übrig gelassen.

Im Sommer graben Polarfüchse Höhlen an Hängen oder Flußufern und bringen ihre Jungen zur Welt. Eine Polarfuchsmutter bekommt zwei bis elf Babys. Die Kleinen sind zwei Wochen lang blind und werden sechs bis acht Wochen von ihrer Mutter gesäugt. Dann müssen die Eltern Beute besorgen. Wenn sie zu ihren hungrigen Jungen zurückkehren, werden sie mit Wimmern begrüßt. Die Kleinen stupsen ihre Schnauzen ans Maul der Eltern. Ich bin hungrig, gib mir zu essen, soll das heißen.

Wenn die Jungen groß genug sind, müssen sie von ihren Eltern lernen, wie man jagt. Sie schleichen sich an, verharren und springen ihre Beute aus der Deckung an. Im Sommer gibt es Nahrung im Überfluß: Lemminge, Mäuse und Zugvögel bevölkern die Tundra. Daher reicht den Polarfüchsen ein viel kleineres Jagdrevier als im Winter. Die Männchen markieren die Reviergrenzen mit Kot und Urin. Jeder fremde Fuchs riecht diese Duftmarken. Er weiß dann, dieser Platz ist schon besetzt. Wer nicht freiwillig abzieht, wird von dem Männchen vertrieben.

Wenn es im Herbst wieder kälter wird, sorgen die Jungfüchse für sich selber.

# Die lange Reise

Karibus sind ständig in Bewegung. Im Frühling verlassen sie ihre Winterquartiere im Süden. Zuerst brechen die Kühe auf. In kleinen Gruppen ziehen sie nach Norden. Immer neue Tiere schließen sich an. Im tiefen Schnee laufen alle im Gänsemarsch hintereinander. Der erste muß eine Spur treten, dann haben es die anderen leichter. Nach einiger Zeit übernimmt ein anderes Karibu die anstrengende Arbeit an der Spitze des Zuges.

Die riesige Herde überquert Berge, Ebenen und Flüsse. Nur zum Fressen und Ausruhen legen Karibus eine kurze Pause ein.

Sogar die Jungen der Karibus kommen unterwegs zur Welt. Schon nach zehn Tagen können sie gut laufen und schließen sich mit ihrer Mutter wieder der Herde an.

Im Sommer erreichen die Karibus die blühende Tundra. Sie fressen sich satt an den nahrhaften Pflanzen der üppigen Wiesen. Aber selbst dann bleiben sie niemals an einem Ort, sondern weiden weite Flächen ab. Wenn es wieder kälter wird, und der erste Schnee fällt, ziehen die Karibus zurück in den Süden. Viele Tiere der Arktis wandern, um der winterlichen Kälte auszuweichen. Karibus halten dabei den Reiserekord. Sie legen jedes Jahr eine Strecke zurück, die so weit ist, wie von den Alpen bis zum Äquator.

Karibus ziehen über die weite Tundra. Zwei Wölfe machen Jagd auf schwache Tiere, die nicht mehr mit der Herde mitlaufen können.

36 Der große, starke Leitwolf hebt seinen Kopf und heult. Die anderen stimmen ein. Von ihrem erhöhten Beobachtungsposten aus haben sie eine Karibuherde entdeckt. Wölfe können nicht nur hervorragend riechen, sondern auch ausgezeichnet sehen und hören. Rasch stoßen die anderen Wölfe des Rudels dazu.

Wölfe verständigen sich untereinander und gehorchen ihrem Leitwolf. Nur weil alle zusammenarbeiten, können sie so große Tiere wie Karibus oder Moschusochsen erlegen. Die Jagd beginnt. Gemeinsam stürmen sie auf die Herde los. Die Karibus stieben auseinander und rasen davon. Nur ein altes, krankes Tier kann nicht folgen. Der Leitwolf springt es an, hält es mit seinen kräftigen Eckzähnen fest und wirft es zu Boden. Blitzschnell sind nun auch die anderen Wölfe zur Stelle und beißen das Karibu tot.

Es gibt keinen Streit um die Beute. Zuerst darf immer der Leitwolf fressen. Mit den scharfen Reißzähnen zerfetzt er das Karibu. Erst wenn er satt ist, fressen auch die anderen. Einige Fleischbrocken bleiben übrig. Die Wölfe schleppen sie zu ihrer Höhle. Dort warten die hungrigen Jungen auf Nahrung. Sie lecken an den Schnauzen der Alten. Zähnefletschend würgen die großen Wölfe einen Teil der Nahrung vorsichtig wieder aus. Mit diesem

## Der Wolf

| | |
|---|---|
| **Größe:** | 160 cm; Schwanz 30–50 cm |
| **Gewicht:** | 15–80 kg |
| **Nahrung:** | Karibus, Moschusochsen, Elche, Schneehasen, Aas |
| **Feinde:** | keine |
| **Besondere Merkmale:** | schnelle und ausdauernde Läufer; leben in Rudeln |

Nahrungsbrei und den mitgebrachten Fleischresten füttern sie die Jungen.

Wölfe streifen das ganze Jahr über weit umher. Sie sind immer auf der Suche nach Beute. Nur im kurzen Frühling und Sommer bleiben sie an einem Ort. Ein Wolfsrudel besteht aus fünf bis zehn Tieren. Der Leitwolf hat eine Partnerin, mit der er viele Jahre zusammen bleibt. Nur diese beiden bekommen Junge. In einer Erdhöhle oder Felsspalte bringt die Wölfin fünf bis acht Welpen zur Welt.

Das gesamte Rudel kümmert sich um die Kleinen. Das stärkt den Zusammenhalt der Gruppe. Wenn die anderen gemeinsam auf Jagd gehen, bleibt ein Wolf als Babysitter zurück. Bis zum Herbst sind die Jungtiere stark genug, um mit dem Rudel auf Jagd zu gehen.

Viele Schauergeschichten nennen die Wölfe menschenfressende Bestien. In Wirklichkeit greifen sie nur sehr selten Menschen an. Trotzdem wurden sie immer wieder abgeschossen oder vergiftet. Im hohen Norden Europas sind sie daher sehr selten geworden.

Wölfe sind unermüdliche Jäger und trotzdem verspielt wie Hunde.

### Wußtest du,

daß sich schlafende Wölfe im Winter zusammenrollen und die Schnauze mit dem buschigen Schwanz zudecken?

Der Leitwolf hebt den Kopf und heult. Er ruft sein Rudel zur Jagd.

# Sommergäste

Im Winter herrschten hier Eis und Schnee. Jetzt, im Frühling, hat sich das Schmelzwasser in einer Senke gesammelt und einen kleinen See gebildet. Er lockt viele bunte Vögel an. Auf dem Wasser schwimmen ein Pfeifentenpärchen und eine Eisente. Schneegänse ziehen durch die Luft, und ein Rotkehlpiper singt sein Lied in den Zweigen. Eine Kanadagans und ein Eistaucher mit grünschillerndem Hals sitzen auf ihren Nestern und brüten. Das Odinshühnchen sucht am Ufer nach Nahrung.

Jedes Jahr im Frühling treffen die Zugvögel aus dem Süden ein. Sie beginnen sofort mit der Brut, denn die Zeit ist knapp. Wenn die Jungen geschlüpft sind, finden ihre Eltern reichlich Nahrung, um sie zu füttern. Manche suchen Wasserpflanzen, frische Knospen und Früchte, andere machen Jagd auf Insekten und kleine Wassertiere. Wer zu spät in der Tundra eintrifft, hat nicht mehr genug Zeit zum Brüten. Daher kehren solche Pechvögel manchmal sofort wieder in den Süden zurück.

Noch ehe der strenge Winter einbricht, machen sich alle Zugvögel wieder auf den weiten Weg nach Süden. Forscher sagen, sie haben eine innere Uhr und einen inneren Kompaß. Auf ihrer langen Reise richten sich die Zugvögel nämlich nach der Sonne und dem Magnetfeld der Erde. Zusätzlich erkennen sie die Landschaft unter sich und lernen von ihren Eltern, welchen Weg sie fliegen müssen. Den weitesten Weg legt der Fuchskolibri zurück. Jedes Jahr bricht er aus seinem Winterquartier in Nordalaska auf und fliegt bis nach Südamerika. Andere Vögel müssen nicht so weit fliegen. Sie verbringen ihre Sommer in Nordamerika oder Europa.

Das Odinshühnchen stakst am Ufer entlang. Die Kanadagans und der Eistaucher lassen sich nicht beim Brüten auf ihren Nestern stören.

Pfeifenten und Eisenten
mit weißen Ringen um
die Augen dümpeln
auf dem kleinen See der
arktischen Tundra.
Schneegänse ziehen über
das Wasser hinweg.

Die Lachse sind wieder da! Noch vor einer Woche bevölkerten nur Insekten, kleine Fische und Krebstierchen diesen Bach in Alaska. Jetzt wimmelt es dort von Lachsen. Im Kies des Bachbettes graben die Weibchen mit ihrer Schwanzflosse eine flache Nestmulde. Die Männchen kämpfen um die Weibchen. Wenn sich ein Paar gefunden hat, legt das Weibchen seine Eier ab. Das Männchen gibt Samenflüssigkeit darüber, dann werden die Eier mit Steinen und Sand gut zugedeckt. Etwa zwei Wochen lang geht das so weiter, dann sind die Elterntiere völlig erschöpft und sterben.

In den Eiern entwickeln sich die jungen Lachse. Es dauert Monate, bis sie ausschlüpfen. Noch sind sie viel zu klein, um Nahrung zu suchen. An ihrem Bauch hängt ein Dottersack, der alle wichtigen Nährstoffe enthält. Bald ist jedoch dieser Vorrat aufgebraucht. Die Jungen sind groß genug und gehen auf ihre erste Jagd nach winzigen Beutetieren.

Kleine Lachse brauchen ein Jahr oder länger, bis sie kräftig genug sind. Dann gehen sie auf eine gefahrvolle Reise, die ihr ganzes Leben lang dauert. Sie schwimmen zuerst bachabwärts, durchqueren Biberteiche und Seen und gelangen in immer größere Flüsse. Überall unterwegs lauern Raubfische und Wasservögel.

Schließlich erreichen die Lachse das Meer. Hier bleiben sie ein paar Jahre lang und ernähren sich von jungen Heringen und kleineren Fischen. Schwertwale, Robben und Meeresvögel machen Jagd auf die Lachse. Wer ihnen nicht zum Opfer fällt, macht sich auf die Rückreise. Diese ausgewachsenen Lachse suchen so lange die Küste ab, bis sie die Mündung ihres Heimatflusses wiedergefunden haben. Jetzt ist ihre Reise viel anstrengender, denn sie müssen gegen Stromschnellen ankämpfen und Wasserfälle hochspringen. Bären und Raubvögel warten am Ufer auf die fette Beute. Trotzdem schaffen es viele Lachse. Sie finden genau zum Ort ihrer Geburt zurück. Wie ihre Eltern werden sie dort Eier ablegen und schließlich sterben.

Wie finden sich die Lachse auf ihrer langen Reise zurecht? Im Meer richten sie sich nach der Sonne und dem Magnetfeld der Erde.

Zwei Blaurückenlachse schwimmen über dem steinigen Bachgrund. Zur Laichzeit verändert sich ihre blaue Farbe in ein leuchtendes rotes Hochzeitskleid.

Für diesen Lachs ist die Reise schon vorbei. Wie im Schlaraffenland sperrt der Grizzly einfach sein Maul auf und wartet auf die Mahlzeit.

# Der Blaurückenlachs

| | |
|---|---|
| **Größe:** | 40–90 cm |
| **Gewicht:** | 30 kg |
| **Nahrung:** | Insekten und kleine Flußtiere; Sandaale und junge Heringe im Meer |
| **Feinde:** | Grizzly, Weißkopfseeadler, Raubfische, Robben, Schwertwale |
| **Besondere Merkmale:** | können in Süßwasser und in Salzwasser leben; Weibchen legen bis zu 30.000 Eier |

## Wußtest du,

daß Lachse gegen die Strömung schwimmen können? An Wasserfällen schnellen sie sich hoch in die Luft und überqueren das Hindernis springend.

Eine innere Uhr sagt den Lachsen, wann es Zeit wird, in die Flüsse zurückzukehren. An der Küste suchen sie nach dem Geschmack ihres Heimatflusses und folgen ihm.

Früher waren Lachse viel häufiger. Immer fanden genügend von ihnen zurück in die Bäche ihrer Heimat. Heute werden viele Lachse von großen Fischerbooten schon an der Küste im Netz gefangen. Noch gefährlicher für die Lachse sind schmutzige, vergiftete Flüsse. Versperren Staudämme aus Beton den Fluß, können die Lachse nicht weiterziehen. Nur selten haben die Menschen daneben eine Lachstreppe gebaut, mit deren Hilfe die Fische das Hindernis überwinden können.

# Leben am Biberteich

Ein stabiler Staudamm mitten im wilden Alaska? Der eifrige Baumeister hockt am Ufer. Eben hat der Biber mit seinen scharfen Nagezähnen eine kleine Birke gefällt. Dafür braucht er noch nicht einmal eine Stunde. Andere Biber flechten Zweige in den Staudamm und verstopfen alle Löcher mit Schlamm. Im ruhigen Wasser des Biberteichs leben Fische und andere Wassertiere. Auf den überschwemmten Uferwiesen suchen Vögel nach Nahrung.

Gut geschützt vor Feinden liegt mitten im See die Biberburg. Der Eingang ist unter Wasser versteckt. Durch einen Gang gelangen die Biber in die trockene Wohnhöhle über dem Wasserspiegel. Darin leben sie, und dort bringen sie auch ihre Jungen zur Welt.

Biber sammeln riesige Mengen von Ästen und Zweigen und stapeln sie unter Wasser zu großen Haufen. Wenn der See im Winter zufriert, zehren sie von diesem gut gefüllten Vorratslager.

Mit ihrem flachen, schuppigen Schwanz und Schwimmhäuten zwischen den Zehen sind die Biber geschickte Schwimmer und Taucher.

Biber haben ein Flüßchen zu einem See aufgestaut. Eine Pfuhlschnepfe hält Ausschau nach Beute.

Rotschenkel fliegen
über den See,
und auf den Zweigen
einer Birke sitzen
Polarbirkenzeisige.

44 Der Frühling ist die Zeit der mageren Kost für Grizzlys. Sie müssen sich von Wurzeln, Pflanzen und kleinen Tieren ernähren. Mancher hat mehr Glück und erwischt ein krankes Karibu oder einen geschwächten Elch. Das reicht für ein paar Tage. Damit ihnen niemand den leckeren Brocken wegschnappt, verstecken ihn die Bären gut. Grizzlys sind Einzelgänger, die allein durch die Wälder und Ebenen Alaskas ziehen.

Nur im Sommer kann man mehrere Grizzlys an einem Fleck beobachten. Dann versammeln sie sich an den Flüssen und warten auf Lachse. Kleine Wasserfälle und Strom-schnellen sind die besten Jagdgründe. Hier müssen sich die Lachse ausruhen und dann hoch aus dem Wasser schnellen. Jeder Grizzly kennt einen anderen Trick. Manche warten am Wasserfall und greifen die springenden Lachse mit dem Maul aus der Luft. Andere waten im flachen Wasser und schleudern die Fische mit einem Tatzenhieb an Land.

Die stärksten Bären sichern sich die besten Plätze am Wasser, aber das Festmahl reicht für alle. Daher trauen sich nun auch die Bärenmütter mit ihren Jungen ans Wasser. Hungrige Grizzlys fressen nämlich manchmal auch kleine Bären. Die Jungen sind jetzt ein halbes Jahr alt. Sie sind sehr tapsig und müssen noch viel lernen. Immer wieder patschen sie mit den Tatzen ins Wasser und versuchen, einen der dicken Lachse zu erwischen. Meist ist der aber längst weg.

Tag für Tag kommen die Grizzlys zum Lachsfang und mästen sich eine dicke Fett-schicht für den Winter an. Schließlich fressen sie nur noch die leckersten Stücke und lassen die Reste liegen. Darauf haben Vögel und kleine Raubtiere, die selber keine Lachse fangen können, nur gewartet. Auch sie bekommen jetzt ihren Anteil. Irgendwann kommen keine Lachse mehr. Das tägliche Fest-mahl am Fluß ist zu Ende.

## Der Grizzly

| | |
|---|---|
| **Größe:** | aufgerichtet bis zu 2,50 m |
| **Gewicht:** | 150–400 kg |
| **Nahrung:** | Früchte, Beeren und Knollen; Elche, Karibus, kleine Säugetiere, Lachse, Aas |
| **Feinde:** | keine |
| **Besondere Merkmale:** | haben einen Buckel; an den flachen Tatzen sitzen gerade Krallen, mit denen sie jede Beute schlagen, aber nicht gut klettern können |

Die Grizzlys trollen sich wieder zurück in die einsame Wildnis. Bis zum Winter haben sie noch etwas Zeit. Sie fressen nun Beeren, Früchte und Wurzeln. Wenn der erste Schnee fällt, ziehen sie sich in eine Höhle zurück und ruhen bis zum Frühjahr. Diesen Winter dürfen die kleinen Bären noch mit ihrer Mutter in der Höhle verbringen. Im nächsten Winter wird sie neue Babys bekommen. Dann sind die kleinen Grizzlys auf sich allein gestellt. Für die Indianer war die Jagd auf Grizzlys eine besondere Mutprobe. Nur die stärksten Krieger wagten den Angriff. Die Grizzlykrallen trugen sie als Zeichen ihres Mutes als Kette um den Hals.

**Wußtest du,** daß der plump wirkende Grizzly so schnell rennen kann wie ein galoppierendes Pferd?

Diese jungen Grizzlys kümmern sich nicht um Lachse. Sie tollen ausgelassen im Wasser herum.

Der Grizzly wird den Lachs sicher nicht ganz verzehren. Geduldig wartet die Polarmöwe ab, bis sie sich die Reste holen kann.

# Täuschung und Verständigung

**W**as ist das? Neugierig schaut das Hermelin aus seinem Versteck. Ein Regenpfeifer hüpft über die Steine. Sein Flügel hängt ganz schief herunter. Sicher hat er sich verletzt und kann nicht mehr fliegen. Das Hermelin verläßt vorsichtig die Felsspalte und schleicht heran. Jetzt versucht der Vogel, ein paar Meter zu flattern, muß aber gleich wieder landen. Das Hermelin kommt näher. Wieder fliegt der Regenpfeifer auf. Das Hermelin folgt ihm, setzt zum Sprung an … plötzlich fliegt der Regenpfeifer auf und schießt durch die Luft.

Was ist hier geschehen? Der Regenpfeifer hat Junge bekommen. Die Kleinen sind eine leichte Beute für das Hermelin. Das weiß der Regenpfeifer ganz genau. Während sich die Jungvögel tief an den Boden des Nestes drücken, flattert die Mutter auffällig umher und lockt das Hermelin immer weiter von ihrer Brut weg. Die Kleinen sind gerettet.

Viele Tiere kennen solche Tricks. Damit schützen sie sich und ihre Jungen vor Raubtieren. Ein Regenpfeifer denkt sich aber nicht aus: »Jetzt spiele ich verletzt und locke ihn weg.« Alle Regenpfeifer können das. Sie haben dieses Verhalten von ihren Eltern geerbt, es ist angeboren.

Wölfe brauchen keine Tricks, um Angreifer zu täuschen. Sie leben in einem Rudel und müssen sich untereinander verständigen. Nur wenn sie sich nicht dauernd streiten, können sie gemeinsam jagen und ihre Jungen aufziehen. Jeder weiß, wer der Leitwolf ist. Er bestimmt, was gemacht wird. Alle erkennen ihn an der stolzen, aufrechten Haltung und der hoch erhobenen Rute. Seine Partnerin ist die stärkste Wölfin. Auch sie wird von allen Rudelmitgliedern anerkannt.

Schwächere Wölfe ducken sich und senken ihre Rute. Kommt ihnen der Leitwolf zu nahe, klemmen sie die Rute zwischen die Beine und zeigen die verwundbare Kehle. »Du bist der Boß«, soll das heißen. Man sagt, die Wölfe haben eine Rangordnung. Die kleinen Wölfe spielen noch, wer der Stärkste ist. Damit bestimmen sie schon früh ihren Platz in der Rangordnung des Rudels.

Ein Leitwolf hat einige Vorrechte: Er darf immer als erster fressen. Dafür muß er sein Rudel bei Gefahr verteidigen und den Angriff auf große Beutetiere anführen.

Die Rangordnung der Wölfe erkennt ihr an der Körperhaltung. Der Leitwolf trägt seine Rute hoch. Schwächere Wölfe bieten ihm die empfindliche Kehle oder nähern sich in geduckter Haltung.

Ein Hermelin
setzt zum Sprung an. Der
verletzte Regenpfeifer
scheint eine leichte
Beute zu sein.

Moschusochsen leben in Herden. Die Inuit nennen sie »umingmak«, die Bärtigen. Wenn die Tundra im Frühling und Sommer grünt und blüht, finden Moschusochsen reichlich Nahrung. Sie haben nur im Unterkiefer Schneidezähne. Damit drücken sie die Pflanzen gegen den Oberkiefer und reißen sie ab.

Am Ende des Sommers ist Brunftzeit. Direkt unter den Augen der männlichen Moschusochsen sitzen Drüsen. Sie geben ein stinkendes Sekret ab. Damit reiben sich die Tiere Kopf und Vorderbeine ein. Wenn zwei Gegner aufeinandertreffen, beschnuppern sie sich und rangeln miteinander. Erst wenn keiner nachgibt, stellen sie sich gegenüber auf. Sie senken den Kopf und donnern aufeinander los. Mit dumpfem Krachen prallen die dicken Köpfe aufeinander. Eine zehn Zentimeter dicke Platte zwischen den Hörnern schützt den Kopf der Moschusochsen dabei vor Verletzungen. Bald steht fest, wer der Stärkste ist. Er darf sich mit den Moschuskühen paaren.

Wenn hungrige Wölfe auftauchen, bilden alle Moschusochsen einen engen Kreis. Ihre dicken Köpfe mit den gebogenen Hörnern zeigen nach außen. Im Kreis stehen die Kälber. Der erste Wolf greift an. Ein alter Bulle schleudert ihn mit seinen Hörnern durch die Luft. Der Wolf jault und humpelt davon. Noch

## Der Moschusochse

| | |
|---|---|
| **Größe:** | 2,50 m lang; 1,40 m hoch |
| **Gewicht:** | Männchen 380 kg; Weibchen 220 kg |
| **Nahrung:** | Gräser, Kräuter, Zwergsträucher, Rentierflechten |
| **Feinde:** | Wölfe, Grizzlys |
| **Besondere Merkmale:** | kurze, gespreizte Hufe; dicke, wollige Haarschicht unter dem Zottelfell |

einmal wagen die Wölfe einen Angriff. Wieder werden sie abgewehrt und ziehen ab. Diesmal haben die Moschusochsen gesiegt. Ihre Kälber sind gerettet. Wölfe sind die größten Feinde der Moschusochsen. Jedes Jahr töten sie viele junge und kranke Tiere, um selber zu überleben.

Wenn der erste Schnee fällt, suchen die Moschusochsen nach geschützten Plätzen im Gebirge. Sie scharren den Schnee beiseite und fressen trockene Zweige, Gräser und Rentierflechten. Kälte brauchen die Moschusochsen nicht zu fürchten. Sie drängen sich ganz dicht aneinander, um sich gegenseitig zu wärmen. Ihr Fell wird im Winter noch dicker und wolliger. Unter den zotteligen, langen Haaren wächst ihnen eine dichte Schicht aus weicher, warmer Wolle. Erst im Sommer verlieren sie ihren Winterpelz. Dann sehen sie für viele

Wie eine Mauer aus Fell und Hörnern stehen diese Moschusochsen da. Das ist ihre Abwehrstellung gegen Feinde.

## Wußtest du,

daß die Haare der Moschusochsen 90 cm lang wachsen? Damit haben sie das längste Fell aller Tiere.

Wochen ganz zerlumpt aus. Die Wolle ist im langen Winter sehr schmutzig geworden und hängt in langen Strähnen von ihrem Körper herab.

Als die ersten Menschen mit Gewehren Jagd auf die Moschusochsen machten, rannten die nicht weg, sondern stellten sich im Verteidigungskreis auf. Deshalb war es für die Jäger leicht, die Tiere abzuschießen. Heute sind Moschusochsen streng geschützt.

Eine zottelige Moschuskuh beobachtet wachsam die Umgebung. Im späten Frühling ist ihr Kalb zur Welt gekommen.

# Energie sparen im eisigen Winter

Endlich Frühling, der Schnee ist geschmolzen. Die Bärenmutter und ihre Jungen verlassen die Winterhöhle. Zum ersten Mal in ihrem Leben können die kleinen Bären draußen spielen. Sie sind mitten im Winter in der Höhle zur Welt gekommen. Die anfangs nackten, blinden Jungen haben monatelang die Milch ihrer Mutter getrunken. Jetzt ist ihr Fell gewachsen. Sie sind schon kräftig und werden von ihrer Mutter lernen, wie man in der arktischen Wildnis überlebt.

Im eisigen Winter wird es für die Tiere mit gleichmäßig warmer Körpertemperatur, wie Säugetiere und Vögel, schwierig. Einige schützen sich mit besonders dickem Fell oder Federn vor der Kälte. Sie können auch in Schnee und Eis überleben. Der Polarfuchs und das Schneehuhn machen es so. Andere, wie Karibus und Zugvögel, verlassen einfach die winterkalte Arktis und verschwinden bis zum nächsten Frühling in den wärmeren Süden.

Schließlich gibt es noch Tiere, die viel fressen müssen und im Winter nicht genügend Nahrung finden. Um Energie zu sparen, ziehen sie sich in eine warme Höhle zurück und schlafen. Ihr Herz schlägt ganz langsam, und sie atmen nur sehr wenig. Während dieser Zeit leben sie von den dicken Fettpolstern, die sie sich im Sommer angefressen haben. Bären schlafen nicht die ganze Zeit. Manchmal verlassen sie sogar ihre Höhle. Forscher sagen, sie halten Winterruhe.

Eben kriecht das Arktische Erdhörnchen aus seiner Winterhöhle.

Drei Junge hat diese Bärenmutter im Winter zur Welt gebracht. Jetzt können die drei neugierigen Bären alles in Ruhe erkunden.

Das Arktische Erdhörnchen ist ein echter Winterschläfer. Es gräbt sich eine gemütliche Höhle und wacht den ganzen Winter über nicht auf. Dabei wird sein Körper ganz kalt und steif. Erst wenn im Frühling der Schnee schmilzt, läßt es sich wieder blicken. Nun muß es viel fressen. Die ersten frischen Zweige schmecken ihm jetzt besonders gut.

Tiere, die den Winter verschlafen, sparen Energie. Wenn es jedoch zu kalt wird, muß ihr Körper Wärme erzeugen. Daher können sie auch bei Frost nicht erfrieren.

Wechselwarme Tiere, wie Frösche, Eidechsen oder Schlangen, haben immer dieselbe Temperatur wie die Außenluft. Sie würden im tiefen arktischen Winter sterben.

52 So ein großer Brocken! Der Weißkopf-See-adler hat einen Fisch gefangen und zum Nest gebracht. Die hungrigen Jungen können es kaum erwarten, daß ihnen der Vater den Fisch in Stücke reißt und sie füttert. In ein paar Wochen sind sie selbst stark genug. Dann zer-rupfen sie mit ihren kleinen Hakenschnäbeln alles, was die Eltern an den Horst, das Nest der Seeadler, schleppen.

Inzwischen wartet die Mutter regungslos auf einem Ast am Seeufer. Ihren scharfen Augen entgeht keine Bewegung im Wasser. Da, ein Fisch schwimmt dicht unter der Wasser-oberfläche. Die glitzernden Flossen haben ihn verraten. Die Adlermutter fliegt auf und gleitet über das Wasser. Ihre messerscharfen Krallen

greifen zu. Der Fisch taucht und versucht, den Adler unter Wasser zu ziehen, aber der ist stärker. Mit dem Fisch in den Klauen fliegt die Adlermutter zurück zum Nest.

## Der Weißkopf-Seeadler

| | |
|---|---|
| **Größe:** | Männchen 80 cm; Weibchen 95 cm; Flügelspannweite 2–2,50 m |
| **Gewicht:** | 4,5–6 kg |
| **Nahrung:** | Fische, Nagetiere, Aas |
| **Feinde:** | keine |
| **Besondere Merkmale:** | Männchen und Weibchen bleiben ihr Leben lang zusammen und benutzen immer wieder dasselbe Nest |

Die kleinen Weißkopf-Seeadler sind immer hungrig. Eben hat der Vater wieder einen Fisch angeschleppt.

Weißkopf-Seeadler legen immer nur zwei Eier. Sobald die Jungvögel ausgeschlüpft sind, streiten sie sich um die Nahrung. Meistens überlebt nur der Stärkere der beiden. Nach acht Wochen färbt sich das Gefieder dunkel, und nach zwei bis drei weiteren Wochen sind die kleinen Adler flügge. Es dauert aber noch fünf Jahre, bis sie ausgewachsen sind. Erst dann bekommen sie weiße Federn am Kopf. Sie suchen sich einen Partner, um selbst ein Nest zu bauen und Junge aufzuziehen.

## Wußtest du,

daß der Weißkopf-Seeadler bei starkem Regen die Flügel wie einen Regenschirm über seine Jungen hält?

Weißkopf-Seeadler sind sehr stolze Vögel. Die US-Amerikaner bilden ihn sogar im Staatswappen ab.

Heute sind sie vom Aussterben bedroht. Daher müssen sie streng geschützt werden.

# Menschen in der Tundra

Könnt ihr euch einen Bauern vorstellen, der statt Kühen Hirsche auf seinen Weiden grasen läßt? Im hohen Norden von Skandinavien ist so etwas möglich. Dort leben die Samen mit ihren Rentierherden. Rentiere sind die einzigen Hirsche, bei denen auch die weiblichen Tiere ein Geweih tragen. Sie sind mit den amerikanischen Karibus verwandt.

Rentiere lassen sich aber nicht wie Rinder einsperren. Im Sommer ziehen sie in riesigen Herden an die nördliche Küste Skandinaviens. Die Samen sind Nomaden. Die ganze Familie folgt der Rentierherde auf ihrer weiten Wanderung. Am Ziel angekommen, beziehen die Samen ihr Sommerquartier. Dort wohnen sie so lange, wie die Herden bleiben.

Obwohl nicht mehr viele Samen als Nomaden leben, halten einige an dieser traditionellen Lebensweise fest. Die Rentiere versorgen sie mit allem, was sie zum Leben brauchen. Samen essen das Fleisch der Rentiere. Aus der Milch stellen sie Butter und Käse her. Das Fell der Tiere verarbeiten sie zu warmer Kleidung, aus den Knochen und Geweihen schnitzen sie Werkzeuge und Schmuck. Rentiere lassen sich sogar vor einen Schlitten spannen. Heute fahren die meisten Samen allerdings lieber mit modernen Motorschlitten durch den Schnee. Trotzdem wollen sie auf sportliche Wettfahrten mit dem Rentierschlitten nicht verzichten.

Wenn die große Rentierherde im Herbst zurück in den Süden aufbricht, schließen sich die Samen an. Mitten auf der Strecke, meist im Oktober, ist Brunftzeit. Dann werden die friedlichen Rentiermännchen zu angriffslustigen

Samen sind fast das ganze Jahr unterwegs. Auf ihrer langen Reise leben sie in Zelten.

Die Samen sind ein altes Volk. Sie sprechen eine eigene Sprache mit vielen Dialekten. Stolz tragen diese Samen aus Norwegen ihre bunte, wärmende Tracht.

Dieser Same hat
Flechten gesammelt.
Damit füttert er
seine Rentiere.

Kämpfern. Jedes versucht, möglichst viele Weibchen zu erobern. Die Samen leben zur Paarungszeit ihrer Rentiere in Zelten aus Fell oder in einfachen Hütten aus Torf. Schließlich machen sich alle wieder auf den Weg zurück ins Winterquartier. Hier, im wärmeren Nordschweden, verbringen die Tiere die kalte Jahreszeit. Dort haben die Samen feste Häuser gebaut und warten ebenfalls den Winter ab.

Früher war der Rentierschlitten das einzige Transportmittel der Samen. Noch heute machen sie damit Wettfahrten.

Ein Auto würde im tiefen Schnee steckenbleiben. Deshalb hat sich dieser Same einen Motorschlitten gekauft.

Der erste Schnee ist gefallen. Alle Pflanzen verschwinden nun unter einer dichten, weißen Decke. Die Lemminge halten keinen Winterschlaf, und trotzdem macht ihnen das nichts aus. Sie graben sich Tunnel in den Schnee und nagen auch im Winter die Bodenpflanzen ab. Unter dem Schnee ist es viel wärmer als im eisigen Wind der Tundra. Der Schnee schützt sie vor der Kälte, aber nicht vor ihren Feinden. Polarfüchse haben eine feine Nase. Wenn sie Lemminge unter dem Schnee riechen, buddeln sie blitzschnell ein Loch und packen zu. Auch die Schnee-Eule macht Jagd auf die Nager.

Lemminge leben überall im hohen Norden. Früher glaubten die Menschen, Lemminge würden in riesigen Massen zum Meer wandern, um sich darin umzubringen. Inzwischen haben Forscher herausgefunden, daß dies so nicht stimmt. Allerdings haben Lemminge eine sehr merkwürdige Art, sich zu vermehren.

Im Sommer lebt eine kleine Gruppe skandinavischer Lemminge auf einer hohen Bergwiese. Dort gibt es leckere Gräser und Kräuter. Die Weibchen bekommen mehrmals Junge, so daß die Gruppe am Ende des Sommers schon deutlich größer geworden ist. Im Herbst ziehen die Lemminge dann hangabwärts in ein nahes Wäldchen.

Im nächsten Frühling brechen alle wieder zu den saftigen Bergwiesen auf. Noch gibt es genügend Nahrung, aber der Platz im Sommerquartier wird schon etwas enger. Füchse und Raubvögel müssen nicht mehr lange nach Nahrung suchen. Sie finden reichlich Beute für sich und ihren Nachwuchs. Deshalb ziehen sie viel mehr Junge auf als in mageren Jahren. Ende des Sommers wandern die Lemminge wieder bergab. Auch andere Lemminge suchen nach einem Winterquartier. Der Gebirgswald ist schon bald überfüllt, und viele Lemminge müssen jetzt weiter wandern. Alle drei bis vier Jahre haben sich die Lemminge so ungewöhnlich stark vermehrt. Durch Nahrungsknappheit, Raubtiere oder an Erschöpfung sterben viele Lemminge, so daß ihre Zahl wieder etwas zurückgeht.

## Lemminge (13 Arten)

| | |
|---|---|
| **Größe:** | 8–14 cm |
| **Gewicht:** | bis 150 g |
| **Nahrung:** | Knospen, Zweige, Blätter, Früchte |
| **Feinde:** | Schnee-Eule, Polarfuchs |
| **Besondere Merkmale:** | lange Grabkrallen an den Vorderfüßen |

Wirklich massenhaft vermehren sich die Lemminge jedoch nur alle 32 bis 36 Jahre. Dann überschwemmen Lemmingschwärme auf der Suche nach Winterquartieren riesige Flächen. Schließlich stoßen sie auf Flüsse oder Seen. Immer mehr Tiere drängen nach. Die ersten gehen ins Wasser und beginnen zu schwimmen. Viele werden von den Fluten

Im Winter suchen die Lemminge in Tunneln unter dem Schnee nach Nahrung. Sie nagen dann an allen Wurzeln und Zweigen.

mitgerissen oder schaffen es nicht bis zum anderen Ufer. Andere fallen von Klippen herab und sterben. Nur wenige überleben solch eine Katastrophe. Sie kehren im Frühling zu den Sommerquartieren zurück. Manche dringen auch in neue Gebiete vor.

Forscher haben ausgerechnet, daß im Jahr 2002 in Finnland wieder eine Massenwanderung stattfinden wird. Lemminge begehen also keinen Massenselbstmord, sie versuchen nur, ein Gebiet mit genügend Nahrung zu erreichen.

### Wußtest du,

daß Lemmingmütter bis zu fünfmal im Jahr Babys bekommen? Ein einziges Weibchen kann so 30 Kinder pro Jahr zur Welt bringen.

Wenn der Lemming nicht blitzschnell verschwindet, wird die hungrige Schnee-Eule zupacken.

# Kennst du die Tiere im hohen Norden?

In Wirklichkeit grenzt das eisbedeckte nördliche Polarmeer nicht direkt an die Tundra wie auf unserem Bild. Aber unsere Zeichnerin wollte hier möglichst viele Tiere des Buches versammeln. Kennst du ihre Namen?

Die Auflösung steht auf der nächsten Seite

1 Eisbären
2 Sattelrobben
3 Walroß
4 Wale
5 Polarbirkenzeisig
6 Karibus
7 Elch
8 Moschusochsen
9 Wölfe
10 Grizzlys
11 Knutts
12 Schneehase
13 Schnee-Eulen
14 Schneehuhn
15 Polarfuchs
16 Lemminge
17 Erdhörnchen
18 Schneeammer

# Kleines Lexikon

Dieses kleine Lexikon findest du in jedem Kinder-Kosmos. Wenn du nun jedes Lexikon abschreibst und alles neu alphabetisch ordnest, kannst du dir selbst ein großes Kinder-Kosmos-Lexikon zusammenstellen.

**Arktis**   Inseln und festes Land rund um den Nordpol. Dort ist es so kalt, daß keine Bäume mehr wachsen. Das Meer der Arktis ist meistens von Eis bedeckt (mehr darüber unter *Packeis*).

**Bast**   Elchmännchen werfen jedes Jahr ihr Geweih ab. Das neue Geweih wächst unter einer samtigen Haut heran. Diese Haut nennt man Bast.

**Brunftzeit**   Viele Tiere der Arktis, wie Elche, Karibus, Moschusochsen oder Walrosse bekommen nur einmal im Jahr Junge. In der Brunftzeit kämpfen die Männchen miteinander. Nur die stärksten paaren sich mit den Weibchen.

**Brutkolonie**   An den Küsten gibt es nur wenig Platz. Deshalb bauen alle Vögel ihre Nester dicht an dicht in einer Brutkolonie.

**Bürzeldrüse**   Eine Drüse am Hinterteil von Wasservögeln. Mit dem Öl aus dieser Drüse schmieren die Vögel ihr Gefieder ein. Deshalb werden die Federn nicht naß.

**Fährte**   Der Fußabdruck eines Tieres im Schnee oder im weichen Boden.

**flügge**   Gerade aus dem Ei geschlüpfte kleine Vögel können noch nicht fliegen und werden von ihren Eltern gefüttert. Wenn die Jungen ausgewachsen sind und fliegen können, verlassen sie das Nest. Man sagt, sie sind flügge.

**Harem**   Walroßmännchen oder Elchbullen haben viele Frauen. Alle Weibchen, die ein Männchen um sich versammelt, gehören zu seinem Harem.

**Inuit**   So nennen sich die Eskimos selber. Inuit heißt in unserer Sprache »Menschen«.

**Kajak**   Inuit bauten ihre Paddelboote früher aus Tierhäuten. Diese schnellen Boote werden Kajak genannt.

**Leitwolf**   Der stärkste Wolf im Rudel ist der Leitwolf. Alle anderen Wölfe wissen das und gehorchen ihm (mehr darüber unter *Rangordnung* und *Rudel*).

**Nährstoffe**   sind in der Nahrung eines Tieres enthalten. Sie werden im Darm verdaut. Pflanzen holen ihre Nährstoffe mit Wurzeln aus dem Boden, und Algen nehmen sie aus dem Wasser auf.

**Nahrungskette**   Manche Tiere fressen Pflanzen, und Raubtiere machen Jagd auf schwächere Tiere. Weil jedes Tier nur überleben kann, wenn es genug Nahrung findet, sagt man: Pflanzen und Tiere bilden eine Nahrungskette.

**Plankton**   Die winzigen Pflanzen und Tiere, die im eisigen Wasser des Polarmeeres leben, werden Plankton genannt. Manche sind so klein, daß man sie nur mit einem Mikroskop sehen kann.

**Packeis**   Im Winter friert das arktische Meer zu. Dann stapeln sich dicke Eisschollen übereinander und bilden Packeis.

**Rangordnung**   In einem Wolfsrudel weiß jeder, wer schwächer und wer stärker ist. Deshalb gibt es kaum Streit. Weil jeder seinen Platz (Rang) in der Gruppe kennt, haben Wölfe eine Rangordnung.

**Revier**   Das Gebiet, in dem ein Tier lebt.

**Rudel** Wölfe leben in einer Gruppe zusammen. Sie jagen gemeinsam, und alle kümmern sich um die Jungen. Forscher sagen, Wölfe bilden ein Rudel.

**Rute** Den Schwanz von Hunden und Wölfen nennt man Rute.

**Samen** Im hohen Norden von Skandinavien leben die Samen. Früher nannte man sie Lappen. Sie ziehen mit ihren Rentierherden Jahr für Jahr durch das Land.

**Sommerkleid** Wenn es wärmer wird, wächst manchen Tieren ein leichteres Fell, und Vögel bekommen neue Federn. Das nennt man Sommerkleid. Bei einigen Tieren hat das Sommerkleid eine andere Farbe als das Winterkleid (mehr darüber unter *Winterkleid*).

**Tundra** In der Tundra ist es auch im Sommer so kalt, daß die Erde ein paar Zentimeter unter der Oberfläche gefroren bleibt. Dort können nur Kräuter und Zwergsträucher (mehr darüber unter *Zwergsträucher*), aber keine Bäume wachsen.

**Winterkleid** Im Winter müssen sich die Tiere vor der klirrenden Kälte schützen. Dann werden Fell oder Gefieder viel dicker als im Sommer. Schneehuhn, Polarfuchs, Hermelin und Schneehuhn sind dann im Schnee gut getarnt (mehr darüber unter *Sommerkleid*).

**Zugvögel** Nur wenige Vögel leben wie die Schnee-Eule das ganze Jahr über im hohen Norden. Die meisten fliegen im Winter in den wärmeren Süden. Sie heißen Zugvögel.

**Zwergsträucher** Bei uns werden Sträucher oft viele Meter hoch. In der Tundra bleiben die Sträucher winzig klein und liegen ganz eng auf dem Boden.

# Register

Hier findest du eine alphabetische Liste von wichtigen Namen und Begriffen, die in diesem Buch vorkommen. Die danebenstehenden Zahlen zeigen dir, auf welcher Seite im Buch du mehr darüber erfahren kannst.

64    Diese Seite heißt in der Fachsprache der Verlage
»Impressum«. Oft steht sie auch am Anfang eines Buches,
und immer erfährt man daraus, wer dieses Buch
gemacht hat: Der Autor oder die Autorin, Illustratoren und
Fotografen – Männer und Frauen –, die Mitarbeiter und
Mitarbeiterinnen in den Verlagen und in den technischen
Betrieben wie Setzerei, Reproanstalt, Druckerei und
Binderei.

Die Konzeption und Texte dieses Buches sind von
Dr. Wolfgang Hensel, die Illustrationen von
Hildburg Thiemeyer.

Umschlaggestaltung: Jürgen Reichert, Stuttgart, unter
Verwendung einer Illustration von Hildburg Thiemeyer und
einem Farbfoto von Reinhard-Tierfoto.

Mit 24 Farbfotos von:
H. D. Dossenbach, CH-Schlatt (S. 33, 40); E. Pott, Stuttgart
(S. 54/55); Reinhard-Tierfoto, Heiligkreuzsteinach
(S. 5, 6, 8, 12, 15, 17, 18, 19, 24, 26, 28, 36, 42, 45, 48);
G. Zeininger, Unterschleißheim (S. 20)

Dieses Buch enthält außerdem farbige Vorsatz- und
Nachsatzkarten von Johannes-Christian Rost.

Der Autor, **Dr. habil. Wolfgang Hensel,** ist Biologe und
hat sich als Autor und Übersetzer auf die verständliche
Vermittlung seines Fachgebiets in Büchern und Zeitschriften
spezialisiert. Er lebt mit seiner Familie in Bornheim-Rösberg.
»Tiere im Hohen Norden« ist sein zweites Kinderbuch in
dieser Reihe. Gespräche und Erlebnisse mit seinem Sohn
Sebastian haben viel dazu beigetragen.

Die Illustratorin **Hildburg Thiemeyer** lebt in Zülpich. Sie ist
Werbegrafikerin und Illustratorin und hat bereits zahlreiche
Bücher zu Naturthemen, vor allem für Kinder, illustriert.

Die Deutsche Bibliothek – CIP-Einheitsaufnahme
**Tiere im Hohen Norden**/Wolfgang Hensel;
Hildburg Thiemeyer – Stuttgart: Franckh-Kosmos, 1994
  (Der neue Kinder-Kosmos)
  ISBN 3-440-06695-9
NE: Hensel, Wolfgang; Thiemeyer, Hildburg

(©) 1994, Franckh-Kosmos Verlags-GmbH & Co.
Stuttgart
Alle Rechte vorbehalten
ISBN: 3-440-06695-0
Lektorat: Almuth Sieben, Gisela Bauer
Printed in Italy/Imprimé en Italie
Layout: Jürgen Reichert, Stuttgart
Herstellung: Die Herstellung, Stuttgart
Satz: Georg Dettmar, Stuttgart
Reproduktion: Master Image, Singapur
Druck und Bindung: Rotolito Lombarda S.p.A., Pioltello

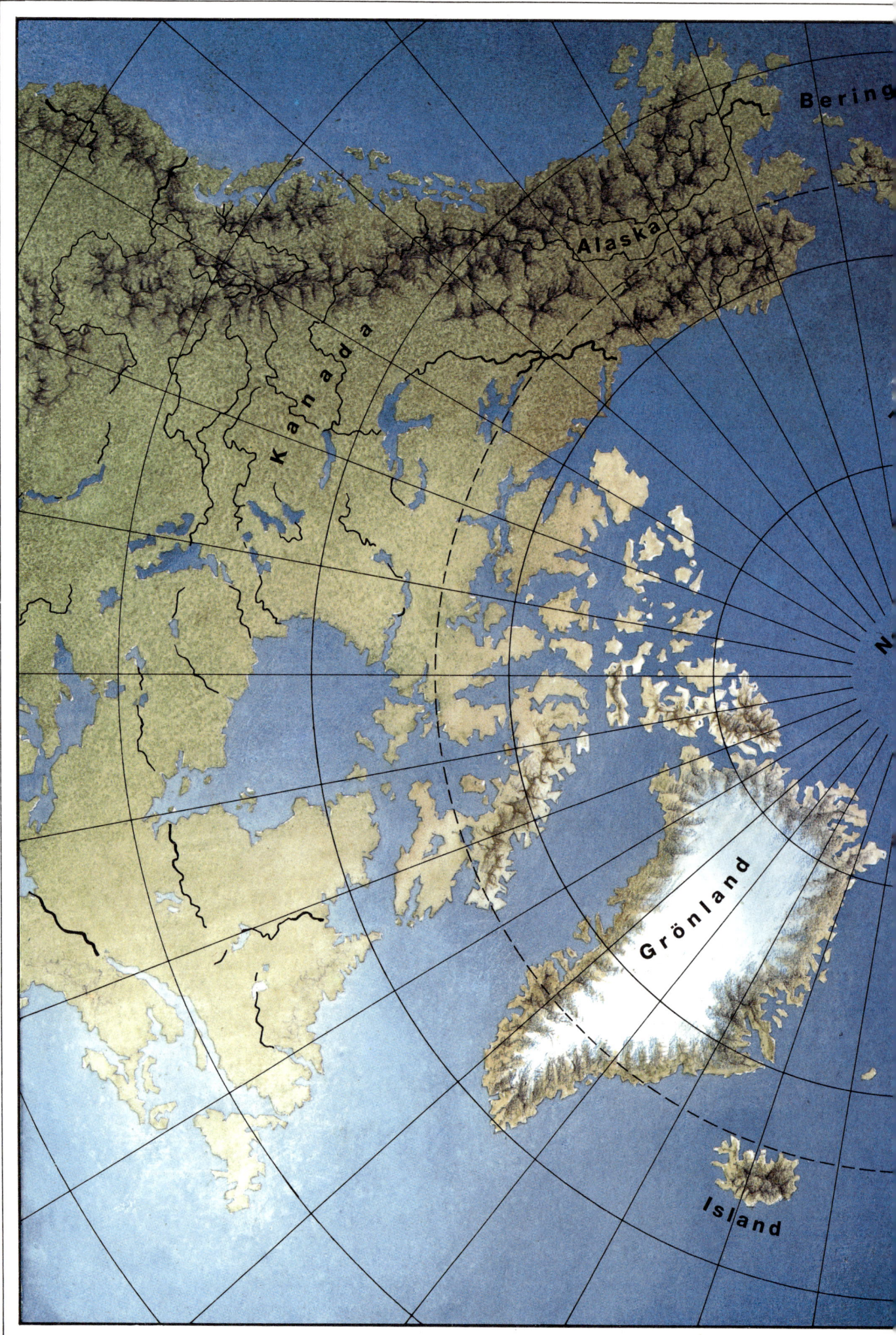